SOUVENIR
DE LA FÊTE
DU SULTAN
A
PARIS
5 MARS 1893.

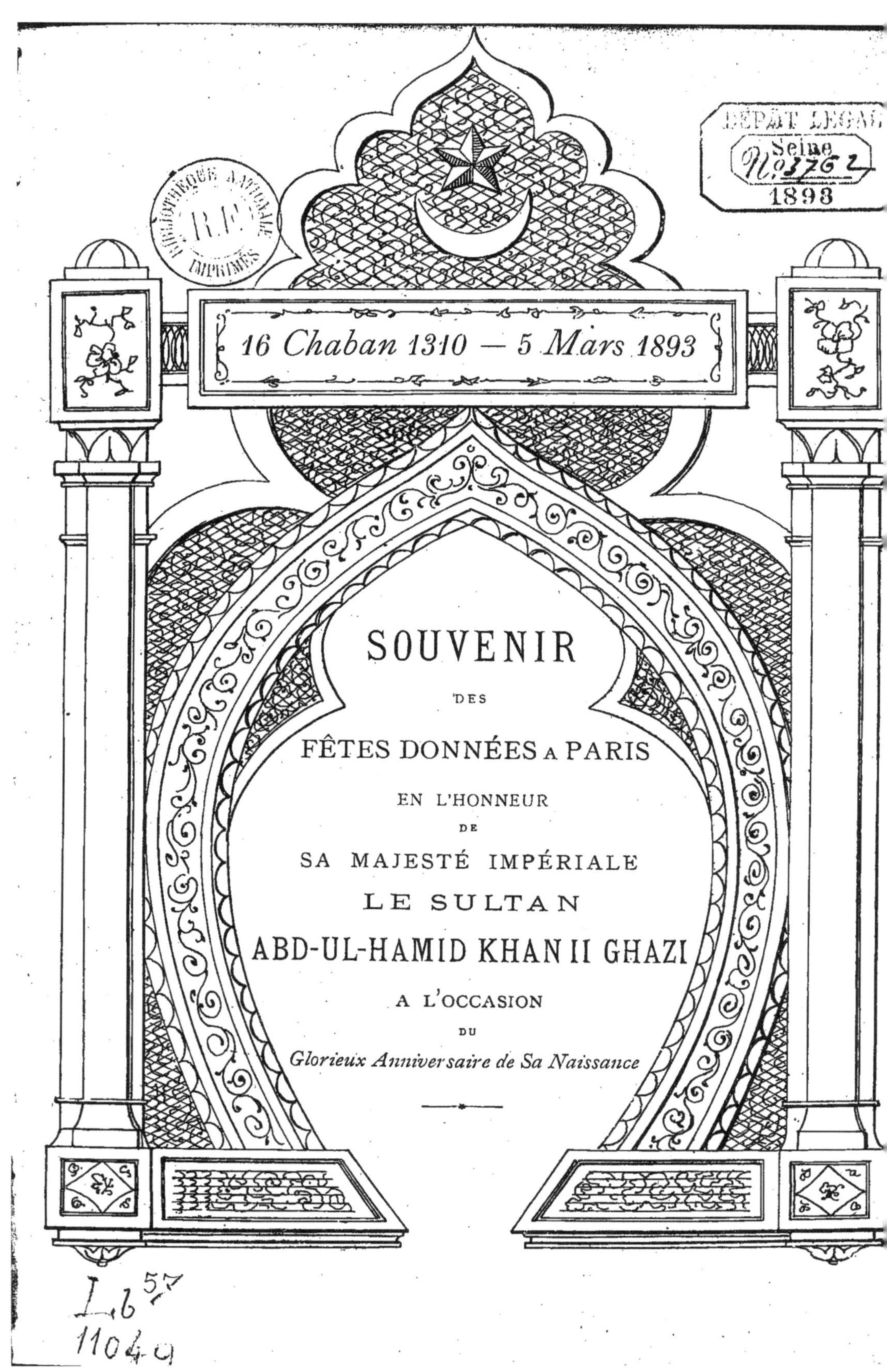

SOUVENIR

DES

FÊTES DONNÉES A PARIS

EN L'HONNEUR

DE

SA MAJESTÉ IMPÉRIALE

LE SULTAN

ABD-UL-HAMID KHAN II GHAZI

A L'OCCASION

DU

Glorieux Anniversaire de Sa Naissance

A Sa Majesté Impériale

Le Sultan Abd-ul-Hamid Khan II Ghazi

Que le Magnanime Empereur des Ottomans, l'Auguste Calife de l'Islam, daigne honorer d'un regard bienveillant cet humble opuscule inspiré à un Français par les sentiments de vive sympathie et de profonde admiration qu'il professe envers le Commandeur des Croyants.

La France se rappelle toujours avec fierté les relations séculaires de bonne amitié qui unissent notre patrie au peuple Ottoman et les jours glorieux où, au milieu de ce siècle, les héros des deux nations ont versé leur sang sur les mêmes champs d'honneur.

Depuis le jour lointain où notre François Ier, pour redresser l'équilibre européen menacé par Charles-Quint, noua une sorte d'alliance avec Votre Illustre aïeul, Soliman le Magnifique, alliance que Louis XIV, notre Haroun Erraschid, ne fit qu'affermir, il n'y a point eu d'éclipse prolongée de l'astre heureux qui préside aux rapports des deux pays.

C'est qu'en effet, les intérêts des deux Etats, souvent en contact, ne se trouvaient presque jamais en conflit. Ces traditions, dont l'origine se perd dans la nuit des temps, ne pouvaient qu'être fortifiées par la présence sur le trône des descendants d'Othman d'un prince tel que ABD-UL-HAMID, dont le règne bienfaisant et fort s'impose au respect et à l'admiration de la postérité par Sa politique habile et prudente au dehors et réparatrice au dedans.

Aussi, est-ce avec une véritable joie que nous avons vu, dans ces dernières années, célébrer avec le même enthousiasme les Anniversaires de Votre Majesté, à Paris, et notre Fête nationale, à Constantinople. C'est cet enthousiasme réciproque qui nous a suggéré l'idée de consacrer ces quelques pages à la description fidèle des brillantes fêtes qui ont été données dernièrement à Paris en l'honneur de Votre Majesté Impériale, à l'occasion du glorieux Anniversaire de Sa naissance.

Nous avons tenu à faire précéder cette description d'un aperçu sur les actes principaux qui ont illustré le règne glorieux de Votre Majesté.

Nous sommes d'autant plus heureux de manifester ces sentiments que trois ou quatre publicistes équivoques, mauvais Français ou Français de mauvais aloi, n'ont pas craint de publier des articles que nous réprouvons avec indignation. Nous attestons ici que ces manœuvres isolées ne rencontrent en France que la réprobation et le mépris qu'elles méritent. Leurs auteurs sont jugés pour ce qu'ils valent et ne parviendront jamais à altérer les sentiments de respect que nos compatriotes professent pour le Souverain d'une nation amie, sentiments qui s'affirment avec tant d'éclat et de spontanéité dans les fêtes données à Paris pour les Anniversaires de Votre Majesté.

Puisse cette étude rendre ineffaçables les souvenirs de ces manifestations sympathiques et resserrer de plus en plus les liens d'amitié, d'estime et de concorde qui unissent les deux peuples !

Aussi osons-nous espérer que Votre Majesté Impériale daignera agréer ce modeste hommage qu'un Français dépose respectueusement au pied de Son Trône de justice et de clémence.

Louis ARGOUD

Homme de Lettres

Syndic de la Presse Parisienne

AVOCAT PRÈS LA COUR D'APPEL DE PARIS

PARIS, *4, rue du Rendez-Vous.* — Mars-Avril 1893.

Palais Impérial de Yldiz.

LE GRAND ABD-UL-HAMID

Ainsi que nous venons de le dire, nous avons tenu à faire précéder le récit des réjouissances données en l'honneur de S. M. I. le Sultan, par une étude sur les actes principaux qui ont illustré Son règne et lui ont valu le surnom de GRAND RÉPARATEUR.

Nous ne ferons que résumer, au surplus, ce que nous avons entendu dire de Lui non seulement par Ses fidèles Sujets, mais encore par ceux de nos compatriotes qui ont eu l'insigne honneur de L'avoir approché et auxquels leur séjour dans Sa Résidence impériale a montré combien ce Souverain, dont le Travail est la Loi, applique au progrès du pays, au bien-être du peuple dont Il dirige les destinées, les inépuisables ressources de Son esprit organisateur.

Le 16 chaban 1258 (22 septembre 1842) ou, en comptant à la manière turque, le 16 chaban 1310, est né à Constantinople Celui qui, en Turquie, devait être non seulement le bienfaiteur mais encore le rénovateur de la face de son Empire.

Monté sur le trône d'Islam le 31 août 1876 (12 chaban 1293), ceint solennellement du sabre d'Othman le 7 septembre suivant, dans la mosquée d'Eyoub, à Constantinople, le Sultan ABD-UL-HAMID, qui est le trente-quatrième Souverain de la dynastie d'Othman et le vingt-huitième depuis la prise de Constantinople, prit les rênes du pouvoir dans des circonstances difficiles, au milieu d'une crise, la plus grave peut-être qu'ait jamais traversée l'empire ottoman : le peuple tout entier était tombé dans un état d'engourdissement voisin de la léthargie ; le désordre règnait dans l'administration ; les coffres de l'État étaient vides et le crédit ottoman avait reçu une grave atteinte ; les tribunaux étaient insuffisants ; les écoles faisaient défaut ; les voies de communication manquaient absolument ; le commerce, l'industrie et l'agriculture avaient subi un arrêt dans leur développement ; à l'intérieur, le monde politique était divisé et égaré par les conceptions ambitieuses de Midhat Pacha, dont le but réel était de créer dans le pays un parlementarisme qui, en raison des diversités de langue et de religion, eût conduit la nation aux abîmes ; le peuple était encore sous l'impression de la mort tragique d'Abd-ul-Aziz, suivie bientôt de la mort intellectuelle de son successeur Mourad, dont la raison n'avait pu résister au spectacle d'un drame sanglant organisé de complicité avec les intrigues britanniques. A ces complications vint se joindre la guerre turco-russe de 1878 qui sembla mettre la Turquie à deux doigts de sa perte.

L'énergie du Sultan Abd-ul-Hamid fut à la hauteur d'une situation qui aurait accablé une âme moins ferme. Sans se laisser décourager, prenant sa tâche de souverain au sérieux, ne voulant pas, en un mot, être un monarque inerte, il se mit résolument à l'œuvre et on sait combien vite il arriva à conquérir l'affection loyale de ses Sujets et la confiance respectueuse de l'Europe par son discernement, sa pénétration d'esprit et son habileté d'exécution. Le reproche qui lui fut quelquefois adressé d'avoir assumé une tâche complexe et lourde, avec toutes les responsabilités qui en découlent, n'est-il pas une preuve bien touchante du noble but de ses visées ? Beau reproche dans un État où, de par la constitution historique et les conditions mêmes du Gouvernement, c'est sur le Sultan lui-même que repose en dernière analyse tout l'édifice politique et social !

Abd-ul-Hamid est certainement le Souverain le plus laborieux qu'ait fourni la Turquie. C'est une justice que personne ne peut lui refuser, même ses pires ennemis. Dans un pays où l'oisiveté est considérée comme le comble de la félicité, il a réagi contre cette torpeur générale en prêchant d'exemple. Travaillant chaque nuit jusqu'à l'aube, ne consacrant aucune partie de son temps au plaisir, à la promenade ou au voyage, il voit tout par lui-même et examine avec la plus grande attention tous les rapports politiques, administratifs et financiers de ses ministres et gouverneurs de provinces. Seul, il entend diriger et conduit en effet les affaires avec une lucidité d'esprit, avec une clairvoyance remarquable. Ce n'est qu'après avoir acquis la conviction intime que toutes ces propositions sont pratiques et avantageuses pour l'État qu'il prend une décision définitive. Il a concentré entre ses mains tous les pouvoirs, diminué le rôle des grands vézirs qui servaient seuls d'intermédiaires entre les fonctionnaires de tout ordre et le Souverain, en les réduisant à n'être que des *vékyls*, des sortes de premiers ministres au sens européen du mot. Les ministres eux-mêmes ne sont que les agents d'un pouvoir qui prend entièrement sa source dans l'esprit éclairé du Sultan. Ils ne peuvent suivre aucune ligne politique que celle qui leur est tracée par ce Souverain veillant toujours scrupuleusement à l'exécution de ses commandements.

Enfin, il a ramené la Sublime-Porte, qui s'était peu à peu transformée en une autorité presque parallèle à celle du Commandeur des croyants, à des fonctions purement ministérielles.

Avec une activité que rien ne lasse, une constance que rien ne peut ébranler, il a fait de son palais de Yldiz-Kiosk (Kiosque de l'Étoile), sa Résidence actuelle, dont nous donnons la gravure en tête de cette étude, le véritable centre du Gouvernement de son vaste Empire, le point où arrivent tous les rapports et d'où partent toutes les décisions.

Une telle révolution administrative ne va pas sans quelques heurts, sans quelques inconvénients secondaires. Ce que, nous autres Français, nous voulons surtout retenir, c'est l'aspect moral, c'est le sentiment élevé des responsabilités auquel a obéi un prince qui pouvait mener une vie de délices oisives sur les bords enchanteurs du Bosphore, au fond de quelque palais somptueux, à l'ombre de jardins embaumés, et qui a préféré, comme jadis Louis XIV "l'Empereur des Français", ainsi que le disait la langue diplomatique des Osmanlis, être le premier travailleur de son Empire, son propre premier ministre et le serviteur de l'État. C'est là ce qui lui a valu l'estime et l'admiration de toutes les puissances européennes.

Assurément les difficultés, même les mécomptes n'ont pas fait défaut. La situation financière, notamment, ce legs de ses prédécesseurs, a demandé de longs et persévérants efforts pour être rétablie. La question des nationalités a créé et continue à créer de graves embarras. La Crète, en 1889, en 1890 les éléments arméniens du Kurdistan, toujours la Macédoine, ce champ clos des rivalités bulgares, serbes, hellènes, périodiquement l'Albanie, voilà quelques-uns des points « où, comme disait Michelet, l'Empire Ottoman a mal ».

Il faut toutefois rendre cette justice au Sultan actuel que, partout où il est maître de n'écouter que les inspirations de son bon sens et de la justice, il s'efforce avec succès de parer aux dangers et de soulager les souffrances. Nous déplorons amèrement, pour notre part, que des intrigues internationales, des campagnes insidieuses menées par des publicistes de nationalité essentiellement flottante viennent, par surcroît, compliquer, aggraver, envenimer des problèmes déjà suffisamment difficiles en eux-mêmes.

Grâce à son grand caractère et à son inébranlable volonté, le grand Sultan Abd-ul-Hamid a fait, dans le court espace d'années qui se sont écoulées depuis son avènement au trône, beaucoup plus qu'on ne pouvait s'y attendre dans les circonstances difficiles auxquelles nous avons fait allusion plus haut. L'œuvre régénératrice si noblement tentée sous son impulsion propre, il faut l'avouer, lui réussit fort bien, et sans aucun doute, de grandes choses seront encore réalisées.

Le moment est venu de réfuter les insinuations de certains détracteurs, accueillies trop légèrement par quelques feuilles européennes, par l'exposé succinct de quelques-uns des actes de sage politique, de savante économie, de relèvement moral dus à la vigilante initiative du Souverain de la Turquie.

A son avènement au trône, nous l'avons dit, Abd-ul-Hamid hérita d'une situation désastreuse : les caisses de l'État étaient vides, le Trésor réduit à l'état de faillite et de banqueroute. Ce Souverain s'attacha aussitôt à la dure et pénible tâche de relever le crédit de la Turquie, de sauver ses finances, en leur donnant une base solide et en mettant fin au gaspillage, au péculat et à la malhonnêteté. On n'a pas perdu le souvenir de la conversion du 4 % privilégié ottoman, cette grande opération financière qui s'est terminée le 22 mai 1890, et qui a été un succès sans précédent dans les annales de la Turquie. Ce succès indique assez à quel point l'Europe est attentive aux efforts qui, depuis quelques années, sont tentés par le ministère ottoman, sous la haute impulsion de son Monarque, pour mettre la situation financière de l'Empire en mesure de s'imposer à la confiance des marchés européens. L'ordre dans le budget, la régularité dans la perception et l'affectation des revenus, toutes les améliorations introduites enfin, depuis peu, dans les finances de l'Empire, sont autant d'éléments appelés à asseoir définitivement les valeurs ottomanes sur le marché européen, comme fonds désormais exempts de fluctuation.

On peut dire avec raison que ce grand Souverain est le guide lumineux de ses populations dans les sentiers du progrès et de la civilisation. Toujours en éveil quand il s'agit d'une mesure propre à activer le bien-être de tous ceux qui vivent à l'abri de son glorieux sceptre, il a, avec une intuition admirable des besoins de son Empire, donné à l'instruction publique, rendue obligatoire pour les deux sexes, un développement considérable. A aucune époque il n'a été créé autant d'écoles primaires et supérieures. L'ancien programme a été remplacé par un nouveau plus pratique ; des écoles préparatoires ont été ouvertes en province ; dans la capitale, des cours supérieurs et techniques, professés par des hommes fort compétents, viennent achever la transformation intellectuelle des jeunes gens qui, ensuite, sont répartis dans les différentes branches de l'administration. Le beau Lycée de Galata-Séraï maintient dans le pays le culte de la langue, des savants et des littérateurs de la France.

La réforme judiciaire a également été entreprise méthodiquement et poursuivie avec une persévérance qui est la meilleure garantie du succès. Des codes, calqués sur les nôtres, des tribunaux organisés sur le modèle des tribunaux européens présentent toutes les garanties d'impartialité, de compétence, d'intégrité qui leur ont valu l'estime et la confiance de toutes les colonies européennes.

Les services administratifs ont été réorganisés et fonctionnent avec une harmonie qui a fait disparaître la traditionnelle lenteur des anciens rouages administratifs orientaux.

La reconstitution de l'armée, la réfection de son armement, l'adoption des tactiques et des règlements militaires perfectionnés sont le résultat de ses efforts personnels. Des officiers distingués sont envoyés en France et en Allemagne pour étudier la stratégie moderne; en ce moment même, trois officiers supérieurs font partie de notre École d'État-Major. L'École militaire de Pancaldi passe pour être une des plus belles écoles du monde. Actuellement, on estime à 700.000 hommes l'armée que la Turquie peut mettre en ligne. Quant à la valeur de cette armée, personne ne la conteste.

Toujours grâce à sa vigilante initiative, Abd-ul-Hamid stimule et encourage la nation en donnant aux beaux-arts, à l'industrie, au commerce, à l'agriculture, un développement progressif en conformité avec les conditions vitales du pays, dont il assure la croissante propulsion.

Une école modèle d'agronomie à Hal-Kalé, des écoles pratiques d'agriculture, des fermes modèles, des stations séricicoles ont été fondées sur tous les points de l'Empire. Un ministère spécial vient d'être créé pour l'agriculture, les mines et les forêts. Chaque année des jeunes gens d'élite sont envoyés, aux frais du Gouvernement, à l'Institut agronomique de Paris, à l'École d'Alfort, aux Écoles de Montpellier et de Grignon, pour y compléter leurs études. Une banque agricole a été fondée avec succursales dans toutes les provinces de l'Empire, et, sur ce point, la Turquie donne à la France un exemple digne d'être suivi.

Aussi la marche en avant de ses peuples, décidée dès le début, n'est plus latente : elle gagne au grand jour toutes les branches de l'administration. L'établissement de nouvelles voies ferrées, la concession des quais de Constantinople, de Beyrouth, d'Héraclée, déjà donnée, la création d'une compagnie indigène de transports maritimes, en facilitant des relations régulières et rapides entre les divers centres productifs permettront enfin au paysan de défricher de vastes territoires vierges encore. Constantinople et Salonique ont été reliées à l'Europe par un réseau de chemins de fer et vont être rattachées ensemble par une ligne stratégique qui, se prolongeant jusqu'à Monastir, aboutira bientôt à l'Adriatique. En Asie, les lignes d'Ismidt à Angora, de Jaffa à Jérusalem, de Moudania à Brousse, de Beyrouth à Damas s'achèvent; celles d'Angora à Césarée, de Saint-Jean-d'Acre à Hauran, de Kara-Hissar à Koniah viennent d'être concédées et vont décupler les richesses agricoles et industrielles du pays. Enfin, on étudie la grande ligne centrale, celle qui reliera Constantinople à Bagdad et au golfe Persique, et sera la véritable route des Indes et de l'Extrême-Orient.

La richesse des mines et des forêts mises en exploitation rationnelle, fournissent au marché une source féconde de débouchés propres à donner à la Turquie une place prépondérante dans les transactions commerciales de l'Europe.

Le Sultan actuel, à l'encontre de ses prédécesseurs, est sobre, économe pour lui-même, très généreux vis-à-vis de ses fidèles serviteurs. Il leur accorde sans cesse de larges gratifications, de belles résidences, des pensions pour leurs familles, rien que sur sa propre liste civile, sans imposer aucune charge au Trésor public. Que de fonctionnaires qui, ne pouvant vivre à leur aise à cause de l'insuffisance de leurs appointements provoquée par les exigences d'une stricte économie, reçoivent de la générosité impériale des subsides sur les revenus personnels de la couronne et de la liste civile.

Ajoutons, en terminant l'énumération de quelques-uns de ces actes, — que nous n'avons pas la prétention d'avoir présentés complètement, — que l'Empereur de Turquie est non seulement progressiste mais très tolérant de nature et tient la main à ce que tous ses sujets chrétiens jouissent de tous les droits auxquels ils ont des titres. C'est ainsi qu'il subventionne largement sur sa cassette impériale, les personnes ou les populations indigènes ou étrangères victimes de désastres ou de calamités publiques, les écoles, les hospices, les fondations charitables de toutes les religions existant dans son

Empire et qu'il vient de créer un Asile pour les pauvres, qui s'ouvrira à tous les infortunés et aux invalides, qu'ils soient chrétiens, musulmans ou israélites. C'est là une de ces fondations qui font l'honneur d'un règne et qui mériteraient d'être imitées en Europe.

Avec des intentions aussi nobles, aussi louables, avec des sentiments aussi généreux, personne ne peut s'étonner qu'Abd-ul-Hamid soit adoré de tous ses sujets qui le considèrent comme un père et un bienfaiteur et voient avec chagrin et amertume que ces habitudes de libéralité infatigable aient été parfois dénaturées par quelques publicistes malveillants : si les dépenses du Palais sont considérables, c'est qu'elles sont les dépenses de la charité publique et de l'assistance à toutes les infortunes.

Mais ce qui est surtout un titre de gloire pour l'Empereur des Ottomans, c'est, après que le Congrès de Berlin eût finalement réglé la question d'Orient, d'avoir su, par des procédés corrects et bienveillants, par son habileté personnelle, conserver à la Turquie cet inappréciable bienfait de la paix qui a permis au pays de reprendre une place de premier ordre parmi les nations qui sont aujourd'hui les arbitres de la situation européenne. C'est la sagesse d'Abd-ul-Hamid qui est aujourd'hui le gage de la sécurité internationale.

Notre étude, malgré sa brièveté, serait assurément incomplète, si nous ne cherchions pas à montrer avec quelle haute perspicacité l'Empereur des Ottomans a su s'entourer d'hommes éminents, capables de seconder ses projets humanitaires et d'appliquer ses grandes idées.

Les hautes qualités qui distinguent Son Altesse **Ahmed Djevad Pacha,** un tact parfait, des connaissances étendues, une entente remarquable de l'administration et une grande valeur intellectuelle, tout a contribué à attirer l'attention de Sa Majesté sur Djevad Pacha pour lui conférer la haute charge du Grand-Vézirat. Né en 1266 de l'hégire, le Grand-Vézir actuel est donc entré dans sa quarante-deuxième année. Il a eu la rare fortune de conquérir de bonne heure ses grades sur un mémorable champ d'action. Il possède, quoique jeune, un passé glorieux : bien avant qu'il fût choisi par le Sultan, Yldiz-Kiosk entendit chanter ses louanges. Djevad Pacha qu'on s'est efforcé de représenter comme philosophe afin de faire croire à ses sentiments hostiles à la Triple-Alliance et de partialité pour la France, est essentiellement patriote avant toutes choses et par conséquent " ottoman ". Il n'a de *partialité* pour aucune puissance étrangère, estimant comme son Souverain, qui suit d'un œil vigilant les évènements et les hommes, que la situation du pays exige le maintien de bonnes relations avec toutes également. Pour nous Français, la notoriété du Grand-Vézir (qui est un moliériste distingué) date surtout des marques de sympathie qu'il a données à notre pays et à sa littérature. Élève de l'École militaire de Constantinople, il a écrit une *Géographie de l'Empire ottoman,* dont le succès reste grand. Comme diplomate, il s'est fait remarquer à Cettigne (Monténégro) puis, comme commandant militaire en Crète.

Disons de suite que la confiance que le Sultan a placée en la personne de son Grand-Vézir, a pleinement été justifiée par les éminents services qu'il a rendus à l'État, donnant ainsi à tous l'exemple d'une fidélité et d'un dévouement féconds en heureux résultats.

La parfaite organisation du Ministère des Affaires étrangères, qui se signale par la promptitude et la régularité du service, font un honneur réel au Ministre actuel, Son Excellence **Saïd Pacha,** une des personnalités les plus intelligentes et, aussi, les plus sympathiques du ministère actuel : le tour parisien et enjoué de son esprit, la distinction et l'aménité de ses manières, la bonté qui se dégage de toute sa personne lui gagnent tous les cœurs. Né à Suleymanié, le 16 chaban 1250 de l'hégire, il a atteint sa cinquante-neuvième année. Peu d'hommes présentent une carrière aussi remplie que la sienne. Sa vie, depuis l'âge de seize ans, a été consacrée aux affaires du pays sur lesquelles il est, sans contredit, l'homme le plus informé qui soit en Turquie. Les nombreux services qu'il a rendus lui ont valu la confiance de son Souverain, qui le tient en très haute estime, et apprécie en lui les qualités qui en font un homme d'État les plus remarquables de notre époque. Pendant la guerre turco-russe, il défendit la place de Tirnovo, dont il était gouverneur, avec huit mille hommes de la province, équipés et armés par ses soins. Ajoutons — ceci nous intéresse — que Son Exc. Saïd Pacha a été ambassadeur en Allemagne et qu'il n'y a pas puisé là la haine de la France.

Par son passé, par ses talents militaires, par son courage et son énergie, quel homme pouvait mieux répondre au vœux du Sultan pour la haute fonction de Grand Maréchal du Palais, que Son Excellence Ghazi **Osman Pacha,** si populaire en Orient et même en Occident, sous le nom de " héros de Plewna ". Osman Pacha, qui est né à Tokat, en Anatolie, en 1832, est, en effet, un des plus distingués hommes de guerre de l'Europe. Quel est celui de nos compatriotes qui n'a entendu parler de l'héroïque défense de Plewna, bien autrement glorieuse que celle de Silistrie ? L'histoire nous apprend que si les Turcs durent succomber sous le nombre, ce ne fut qu'après avoir complètement rétabli l'honneur de leurs armes.

Pendant la dernière guerre faite par la Russie à la Turquie, la ville de Plewna, on le sait, fut mise en état de soutenir une longue défense. Son Exc. Osman Pacha, à la tête d'une armée inférieure en nombre, mais d'une solidité et d'une vaillance à toute épreuve, repoussa longtemps les attaques des Russes. Mais le 10 décembre 1877, après avoir lutté bravement et défendu pendant près de cinq mois, derrière des retranchements improvisés, cette ville ouverte, d'une défense difficile, contre un adversaire redoutable, qui recevait constamment des renforts, il se vit forcé de se rendre avec son armée. Fait prisonnier, il fut traité avec une bienveillance particulière et une très grande courtoisie par le grand duc Nicolas : « Je vous félicite, lui dit celui-ci, de votre défense de Plewna. C'est un des plus beaux faits militaires de l'histoire ». Peu après, Osman Pacha fut conduit en Russie, où il resta prisonnier de guerre jusqu'à la ratification du traité de paix signé à San-Stefano, le 3 mars 1878.

A son arrivée à Constantinople, toute la population lui témoigna avec éclat sa reconnaissance et son admiration, et son débarquement fut salué des cris mille fois répétés de : « Vive le héros ». Le Sultan l'attendait au Palais de Yldiz et le reçut avec tous les honneurs dus à son intrépide courage. Après un brillant dîner où assistaient tous les hauts fonctionnaires de l'État, Sa Majesté adressa à Osman Pacha les paroles suivantes : « Viens, mon héros, c'est toi qui as illustré les armes ottomanes, toi qui as rehaussé notre honneur militaire. Approche ! j'ai promis devant Dieu de te baiser au front, je veux aujourd'hui tenir ma promesse ». Ces paroles furent suivies de la remise au héros du grand cordon de l'Osmanié et d'un sabre en or ayant appartenu à Mahmoud, et qui porte l'inscription " Au Ghazi ", c'est-à-dire : " Au vainqueur ".

Nous voudrions pouvoir compléter cette énumération des grands hommes d'État qui illustrent la Turquie, et qui, chaque jour, apportent au Sultan un concours fidèle et dévoué : le maréchal AHMED MOUKHTAR PACHA GHAZI, fidèle défenseur des droits de son Maître dans la Vallée du Nil où il est commissaire général du Gouvernement turc ; le maréchal RÉOUF PACHA, commandant la Garde Impériale ; le maréchal CHAKIR PACHA, ancien ambassadeur à Saint-Pétersbourg, aussi remarquable comme diplomate que comme homme de guerre ; les maréchaux FUAD PACHA, DERVICH PACHA, le maréchal ZÉKI PACHA, directeur des Écoles Impériales militaires, grand-maître de l'artillerie ; le maréchal RIZA PACHA.....

Nous voudrions citer aussi les personnages dévoués qui entourent Sa Majesté et sont les fidèles serviteurs de la Volonté souveraine : LL. EE. SUREYA PACHA, premier Secrétaire du Sultan, dépositaire fidèle et discret de la pensée impériale, HADJI ALI BEY, premier chambellan, aussi admirable par l'élévation de son esprit que par la fermeté de ses convictions religieuses ; NOURI PACHA, deuxième chambellan ; BESSIM BEY, EMIN BEY, ARIF BEY, et les autres chambellans et secrétaires du Palais ; MAVROGÈNY PACHA, médecin particulier du Sultan ; ISMET BEY.....

Malheureusement, les limites étroites dans lesquelles notre légitime hâte à présenter cet opuscule nous a imposé la nécessité de nous circonscrire, ne nous permettent pas de les nommer tous. Nous le regrettons pour nos compatriotes car, tous, hommes de beaux et nobles caractères, de capacités éprouvées, de rares mérites, de fidélité indiscutable, rivalisent d'efforts et luttent de talent pour le plus grand bien de la chose publique et la gloire de leur Auguste Maître.

Telles sont, rapidement et malheureusement trop faiblement esquissées, les difficultés avec lesquelles le Sultan s'est trouvé aux prises, au début de son règne, et les principales réformes qu'il a accomplies depuis qu'il est investi du sceptre d'Osman.

Ce sera l'Honneur du GRAND SULTAN ABD-UL-HAMID d'avoir conçu une politique forte et habile, d'avoir su convier à sa réalisation toutes les activités intelligentes de son Empire, d'avoir secoué la léthargie ambiante et d'avoir employé à sa réussite les dons d'un véritable homme d'État.

En dix-huit ans de règne, ce grand Souverain a obtenu des résultats que l'Europe aurait tort de négliger, car — outre qu'en cas de guerre il faudrait compter avec une puissante et vaillante armée — une génération grandit, pourvue d'une instruction très forte et imbue d'une mission à remplir.

Avant un demi-siècle, l'œuvre entreprise, il y a quelque cinquante ans, par le Sultan Mahmoud, sera entièrement achevée, et l'Empire Ottoman redevenu un des plus puissants du monde, n'aura plus rien à envier à la civilisation d'aucune des nations européennes.

L'indice le plus irrécusable de cette prospérité, c'est l'empressement avec lequel les nations européennes se disputent l'amitié et le concours de la Turquie. La France et l'Allemagne, la Russie et l'Angleterre, commentent chacun des actes et chacune des paroles de S. M. I. le Sultan dans l'espoir d'y surprendre le secret de ses sympathies ou de ses préférences. Les rivalités internationales ne démontrent-elles pas le prix extrême que les grands États attachent à l'amitié de ce Souverain puissant ?

Aussi, sommes-nous heureux d'enregistrer toutes les occasions dans lesquelles l'Empereur des Ottomans manifeste ses sentiments d'estime et de confiance pour notre pays. En ce moment même, le vice-amiral **Vignes,** appelé par une invitation gracieuse et toute spontanée d'Abd-ul-Hamid, vient d'arriver à Constantinople à bord du *Troude,* suivi officiellement de 15 officiers et accompagné en fait de 70 officiers de son escadre, après avoir été escorté depuis Smyrne par le *Izzedine,* yacht du Sultan qui, pour faire honneur au vaillant commandant de nos forces de la Méditerranée, avait en outre envoyé au devant de lui son aide-de-camp, le général Izzet Pacha.

Assurément la France ne pouvait trouver de meilleurs interprètes que ces braves et courageux marins pour exprimer à Sa Majesté la profonde satisfaction que nous éprouvons tous en constatant cette nouvelle attestation de l'accord parfait qui unit les deux pays.

Après avoir rendu ces justes hommages au Souverain de Turquie, nous allons faire le récit des fêtes qui ont été données en son honneur à Paris, les 4 et 5 mars dernier, et qui ont eu tant de retentissement dans la presse française.

LES FÊTES ET LES DISCOURS

Nos lecteurs ont pu facilement se convaincre, par l'étude qui précède, que ce n'est pas d'aujourd'hui que datent notre admiration pour le peuple ottoman et notre respect pour le Souverain qui le guide dans la voie du progrès. Depuis que nous avons l'âge d'homme, nous nous sommes, en effet, toujours complu à suivre l'histoire de l'Islam, à étudier ses victoires et ses conquêtes, à constater ses progrès dans les arts, les sciences et les lettres, enfin, à attacher nos regards sur Stamboul, le centre de sa gloire et le siège de son Auguste Calife.

Tout ce qui touche à la Turquie et à son Souverain étant donc pour nous plein d'intérêt, on ne s'étonnera point de la vive satisfaction que nous ayons éprouvée en voyant les manifestations éclatantes de respect et de sympathie qui ont signalé à Paris la date du 5 mars, anniversaire de la naissance du glorieux Abd-ul-Hamid.

Ces manifestations ont été au nombre de trois : d'abord, dans la soirée du 4, un dîner familial donné par notre savant confrère oriental, le Cheikh Abou Naddara, réunissant plusieurs compatriotes résidant à Paris pour célébrer la fête du " Souverain National " de l'Egypte ; le lendemain, 5 mars, dans l'après-midi, une conférence orientale faite par le Cheikh à la séance publique de la *Société d'Ethnographie* et dont la conclusion a été entièrement consacrée à l'éloge de l'Empereur des Ottomans, et enfin, le soir, une brillante et somptueuse fête offerte par notre ami et éminent confrère, M. Nicolaïdès, directeur-fondateur du journal *L'Orient*.

Nous allons relater succinctement, et dans l'ordre où elles se sont produites, ces trois manifestations, différentes de caractère, mais ayant le même objectif.

I

LE DINER EGYPTIEN

Partout, à l'étranger comme dans la Vallée du Nil, les Egyptiens profitent de toutes les occasions pour attester hautement les sentiments d'amour et de dévouement qu'ils professent envers S. M. I. le Sultan Abd-ul-Hamid qu'ils appellent leur " Souverain National ". N'est-ce pas de Yldiz, en effet, qu'ils attendent la protection contre les empiètements continuels des envahisseurs anglais ? Les droits imprescriptibles du Sultan ne sont-ils pas une éternelle protestation contre l'occupation de l'Egypte ?

Aussi, est-ce avec une patriotique émotion que les Enfants de la Vallée du Nil se réunissent deux fois par an chez leur doyen Abou Naddara, dont la maison hospitalière est le centre habituel où se retrouvent tous les Fils de l'Egypte et des rivages de la Mer Rouge. C'est là qu'ils aiment à se grouper pour s'entretenir des douleurs et des espérances de leur patrie.

C'est donc avec empressement qu'ils ont accepté la gracieuse

LE DINER EGYPTIEN

Les enfants d'Abou Naddara offrent aux invités des bouquets aux couleurs nationales ottomanes.

invitation de leur cher Maître et qu'ils sont venus, le soir du 4 mars, célébrer, chez lui, la fête de leur bien-aimé Padischah.

Le dîner, fort simple, nous dit Hadjy El H'scène, un des convives, était composé exclusivement de mets nationaux; aucun étranger n'avait été invité, puisque, dans cette réunion intime, toute la conversation a lieu dans la langue de la Vallée du Nil et que c'est dans cette langue aussi que sont prononcés les toasts et les discours.

A l'issue du dîner, les charmants enfants du Cheikh, le petit Abd-ul-Hamid et la gracieuse Louli, ont distribué aux convives des bouquets attachés par des rubans aux couleurs ottomanes et françaises. Puis Abou Naddara a donné lecture de la lettre qu'au nom de ses compatiotes il a eu l'insigne honneur d'adresser à S. M. I. le Sultan et qui a été accueillie par les acclamations des convives :

MAJESTÉ,

Au moment où tous les peuples ottomans et les musulmans du monde entier célèbrent le glorieux anniversaire de la naissance de Votre Majesté, nous venons, nous, Égyptiens, déposer au pied du Trône Impérial l'hommage de notre dévouement et de notre fidélité inaltérables.

Cet hommage emprunte aux évènements actuels une signification et une importance toutes particulières ; il montre que ni les intrigues, ni les promesses, ni les menaces, ni les propagandes malsaines ne sont parvenues à relâcher le lien indissoluble qui relie l'Égypte à la Turquie et qui fait de Votre Majesté le Suzerain légitime et respecté de la Vice-Royauté du Nil. C'est en vain que les journaux à la solde de l'envahisseur nous déclarent chaque jour que nous n'avons plus aucun secours, aucun appui à espérer de Constantinople ; c'est en vain qu'ils cherchent à provoquer des défaillances et des défections, afin de s'implanter dans notre pays.

Rien n'a pu égarer notre dévouement ni décourager notre fidélité ; Votre Majesté est toujours pour nous le Souverain suprême, le Khalife auguste de qui nous attendons le relèvement de notre patrie. Ces sentiments, nous n'avons pas craint de les exprimer publiquement sous les fenêtres du Palais Khédivial et dans la salle de l'Opéra du Caire ; nous ne craindrons pas de les affirmer hautement même devant les baïonnettes anglaises.

C'est avec enthousiasme que nous avons vu notre jeune Khédive relever la tête dans un élan de courageuse protestation et prouver à l'Europe que le sentiment national n'est pas mort en Égypte ; forcé de se taire sous une contrainte inique, il attend et espère...

Mais en qui espérer, si ce n'est en Votre Majesté? L'Europe, divisée en deux camps qui s'observent l'arme au bras, est absorbée dans ses divisions et dans ses craintes d'avenir ; elle ne peut nous donner que l'appui de stériles observations et de discours sans sanction. Personne, si ce n'est Votre Majesté, n'a le droit de parler en notre faveur avec une autorité incontestable et au nom de principes incontestés.

Groupés autour de notre vaillant et patriotique Khédive, nous saluons cet anniversaire comme une fête nationale et nous appelons sur Votre Majesté et sur son Empire les bénédictions d'Allah clément et miséricordieux.

Nous espérons que votre glorieux représentant parmi nous, S. E. le Maréchal Ghazi Moukhtar Pacha voudra bien faire parvenir à Votre Majesté ces hommages unanimes de l'Égypte qui confie ses destinées à la protection d'Allah et à la sagesse de Votre Majesté, en attendant l'heure bénie de la délivrance.

Avant de se séparer, les assistants ont adressé à S. Exc. Sureya Pacha, premier Secrétaire Impérial, un télégramme de félicitations conçu en ces termes :

Les Égyptiens réunis chez moi pour célébrer le glorieux anniversaire de notre Souverain National, prient Votre Excellence de présenter leurs sincères félicitations à Sa Majesté et de lui exprimer leur amour et leur dévouement.

ABOU NADDARA.

Et l'on s'est retiré après avoir chaudement félicité le Cheikh de son intention de fêter, le 31 août prochain, d'une manière plus extraordinaire encore, l'anniversaire de l'avènement d'Abd-ul-Hamid. En effet, Abou Naddara, ajoute notre interlocuteur, est invité par quelques-uns de ses compatriotes à aller visiter l'Exposition universelle de Chicago, pour y faire une série de conférences sur la Turquie, l'Egypte, l'Islam, la littérature arabe. Assurément, ce sera un spectacle très entraînant de voir les Orientaux présents à Chicago et les amis de la Turquie célébrer, sous sa présidence, la fête de S. M. I. le Sultan dans le palais turc de l'exposition américaine. Deux de ses anciens élèves, Hadjy Raphaël Masry et Sidi Ben Yakar, qui ont une quarantaine de magasins dans la rue du Caire, à l'Exposition de Chicago, préparent à leur ancien maître une cordiale réception et les journaux du Nouveau-Monde, *The Daily Inter Ocean,* de Chicago, et ses confrères américains ont déjà annoncé ses conférences. On sait qu'Abou Naddara parle et écrit l'anglais comme sa langue maternelle.

Nous ne pouvons que souhaiter bonne chance à l'intrépide conférencier qui se prépare à aller jusqu'au cœur des États-Unis faire connaître et aimer le Sultan Abd-ul-Hamid, la Turquie et l'Egypte, sans oublier la France dont il est l'hôte aimé depuis quinze années.

II

LA CONFÉRENCE ORIENTALE

Pour dédommager les personnes qui n'avaient pu assister au dîner égyptien de la veille, le Cheikh Abou Naddara a donné, le 5 mars, à 2 heures, une conférence orientale en français dans la grande salle des fêtes de la mairie du IXe arrondissement de Paris, rue Drouot.

Cette conférence, présidée par un personnage éminent, célèbre dans le monde politique comme dans celui de la littérature, M. le baron Textor de Ravisi, commandeur de la Légion d'honneur, officier de l'instruction publique, président de la *Section orientale et africaine* de la *Société d'Ethnographie,* ancien Gouverneur des Possessions françaises aux Indes, avait réuni un grand nombre d'auditeurs français, turcs et égyptiens. Son succès a été aussi grand que légitime.

Nous regrettons que le peu de place dont nous disposons ne nous permette pas de reproduire en entier cette belle conférence, dont le sujet, suggestif pour des Français, était "la France en Orient". Nous ne pouvons toutefois résister au désir d'extraire du compte rendu qu'en a fait, dans le journal *Marine et Colonies,* M. Duthil de la Tuque, le passage suivant, consacré à la Turquie, qui en forme le bouquet :

...De l'Afrique centrale, nous passons en un clin d'œil en Syrie. Ici le Cheikh nous fait l'éloge de la jeunesse indigène musulmane, chrétienne et israélite, avide d'instruction et marchant hardiment dans la voie du progrès. D'ailleurs, on sait que le Sultan Abd-ul-Hamid encourage puissamment l'enseignement dans tout son Empire Ottoman.

De là, toujours par le train-express de l'imagination, le Cheikh nous conduit sur les bords du Bosphore. C'est le bouquet de sa conférence.

Abou Naddara est un fanatique, un enthousiaste admirateur du Calife de l'Islam, dont il chante les louanges sur tous les tons. A l'entendre, la France n'a pas d'ami plus sincère que le Sultan qui aime tout ce qui est français et voit d'un très bon œil notre commerce et notre industrie se développer dans ses États. Le Cheikh nous raconte brièvement ses visites aux Ecoles ottomanes de garçons et de filles : « J'ai passé en revue, dit-il, des milliers d'élèves des deux sexes qui parlent tous le français aussi bien que le turc. » Il nous parle des traductions en turc des chefs-d'œuvre de la littérature française. D'ailleurs, le Ministre ottoman de l'Instruction publique l'a assuré que les

Abou Naddara glorifiant l'Auguste Calife et faisant des vœux pour sa longévité.

ouvrages d'enseignement sont traduits du français (version libre), et les programmes classiques sont calqués sur ceux de Paris.

Nous avons constaté qu'Abou Naddara n'a d'autre espoir pour la délivrance de l'Égypte qu'en l'entente cordiale de la Turquie et de la France.

Puis, le sympathique orateur voulant terminer poétiquement sa conférence et faire des souhaits à son Souverain National prit son verre d'eau sucrée à la main, le leva, et, dans un moment d'inspiration sublime, porta à ses trois patries le toast suivant, que nous sommes heureux de reproduire :

J'ai laissé ma Muse au Bosphore,
Pour glorifier le Sultan,
Tout à la tâche, dès l'aurore,
Pour que son peuple soit plus grand.

C'est pourquoi son bon peuple l'aime
Et souhaite qu'il soit heureux ;
Le Calife est la vertu même,
Bon, juste, affable et généreux.

J'eus l'insigne honneur et la joie,
Auprès de lui, d'avoir accès.
A la France amie, il envoie
Son salut, ses vœux de succès.

De ce souverain magnanime,
La Muse d'Abou Naddara,
Et de son amour qui l'anime,
Tout à l'heure vous parlera.

Car à ma Muse, une dépêche,
J'envoyai mercredi matin,
Lui disant : « Si rien ne t'empêche,
Prends, pour Paris, le premier train. »

Elle a déjà quitté la rive
Du Bosphore, depuis cinq jours :
Je l'entends venir ; elle arrive
Pour nous chanter ses chers amours.

Ses amours sont Turquie et France
Et la Vallée, aussi, du Nil.
Quand elle en parle, ma souffrance,
Est moins grande dans mon exil.

La voilà fière et triomphante !
Elle a fait trembler les tyrans.
Muse, accorde ta lyre et chante
L'amitié des Turcs et des Francs.

— Le Monde connaît, ô poète,
L'amour et l'admiration,
Qu'ont tous les peuples du Prophète,
Pour la France et sa nation.

Tu l'entendis de l'éloquente
Bouche du grand Roi de l'Islam,
Lorsqu'il t'a dit : « bon Cheikh, présente
A monsieur Carnot mon salam.

Et dis-lui que j'aime la France,
Ses commerçants, ses travailleurs,
Ses gens de lettres, de science,
Ses soldats, marins, ingénieurs. »

N'est-ce pas, Cheikh, de ce message,
Le Président fut enchanté ?
— Oui Muse, l'aimable langage
D'Abd-ul-Hamid l'a très flatté.

Et, maintenant, un beau toast porte
Aux deux gouvernements chéris :
République et Sublime-Porte !
A Constantinople, à Paris !

A la France, nous allons boire,
A l'Egypte et Turquie encor.
Au succès, triomphe et victoire
De leur entente et leur accord !

Il est superflu d'ajouter que l'intéressant conférencier, poète charmant à ses heures, fut maintes fois interrompu par les vigoureux applaudissements de ses nombreux auditeurs.

III

LA FÊTE OTTOMANE

Grouper dans une réunion fraternelle les hommes qui poursuivent avec l'*Orient* la continuation de l'amitié séculaire qui unit la France à la Turquie, et qui, en se souvenant du passé et en regardant l'avenir veulent mettre leurs espérances dans la constance de cette amitié, tel est le but qu'avec une prodigieuse et infatigable activité poursuit M. Nicolaïdès, en réunissant deux fois par an ses nombreux amis d'Orient et d'Occident. Aussi, est-ce en grand nombre qu'ils ont répondu à son appel pour célébrer, le 5 mars dernier, le glorieux anniversaire de la naissance du Chef suprême des Osmanlïs. Tous, en effet, sont venus avec empressement rendre hommage au Souverain que l'Empire Ottoman est fier d'avoir à sa tête, car, ainsi que nous le disons dans le cours de notre étude, non seulement Il a su, depuis dix-huit ans, apporter des améliorations matérielles et morales dans les pays qu'Il gouverne, mais Il s'est fait par la sagesse de Sa politique, le contre-poids d'ambitions et de convoitises qui se fussent déjà déchaînées sans Lui.

Dimanche soir, 5 mars, c'était pour la quatrième fois que le journal l'*Orient,* représenté par son éminent Directeur, appelait les membres de la colonie ottomane et égyptienne à venir fêter avec lui, à l'époque des anniversaires de couronnement ou de naissance, leur Auguste Souverain ; la quatrième fois qu'il invitait à cette réunion de famille, des Français dont ils sont les hôtes et les amis. Ces fêtes bien accueillies dès le début, ont pris la dernière fois une importance considérable. Il suffit, pour s'en convaincre, de lire les discours que nous avons eu la bonne fortune de sténographier nous-même et que nous nous faisons un devoir de reproduire plus loin. Celui du Président du *Syndicat de la Presse périodique de Paris et de la Banlieue,* notamment, a été accueilli par des acclamations enthousiastes.

Cette fête ottomane du 5 mars, que des plumes plus autorisées que la nôtre ont déjà décrites, a eu lieu, comme celle du mois d'août 1892, dans les vastes et confortables salons du Café Turc. Elle se composait d'un banquet, d'un concert et d'un bal suivi d'un souper.

De sept heures du soir à sept heures du matin, la féerie s'est déroulée, brillante et grandiose, nous promenant, comme en un rêve, de surprises en surprises. Nous allons analyser tour à tour chacun des tableaux de ces *Mille et une Nuits*.

LE BANQUET

A 7 heures, le grand Café Turc, aujourd'hui le rendez-vous du *high life* parisien, présentait un coup d'œil féerique, une animation extraordinaire. Des équipages de la Société orientale et française arrivent ; de jeunes et jolies femmes, dont la grâce éblouissante n'a d'égal que le ruissellement de leurs parures, l'élégance et la fraîcheur de leurs toilettes, en descendent, en compagnie d'élégants chevaliers. Le Directeur de l'*Orient* et Madame Nicolaïdès portant comme insignes les armes turques, attendent les invités qui se rendent au dîner et les reçoivent dans le salon qui précède la salle du banquet. A l'accueil empressé et joyeux qu'ils font à leurs hôtes, on sent que, comme l'a écrit l'*Orient,* on assiste bien à une fête de famille, que tous les Français, dont ils serrent la main, sont des amis de leur patrie et que les Orientaux présents sont dans leur pays.

Bientôt, on ne compte plus les arrivants, l'heure marche : hommes politiques, diplomates ou de lettres, journalistes, artistes se reconnaissent et échangent des salamalecs et des serrements de mains ; si les habits noirs sont plus nombreux, les toilettes des dames, pour qui le *Dîner* n'est que le prélude du *Bal,* font une diversion heureuse au milieu de la sévérité du costume masculin ; puis, pour jeter de distance en distance un ton enflammé, le fez oriental éclaire d'une note rouge les groupes européens, car les invitations portent : l'habit noir pour les hommes, la toilette de soirée pour les dames, le fez pour les Turcs. Des masses de diamants, beaucoup de rosettes rouges et vertes aux boutonnières, et bon nombre de cravates de mêmes couleurs où pendent l'étoile du Médjidié et de l'Osmanié.

Puis, dans le murmure confus des conversations tenues dans toutes les langues, dans tous les dialectes, retentit comme le coup de sonnette qui invite au silence, la voix d'un superbe maître d'hôtel : *Mesdames sont servies !*

Nous passons dans la Salle du Banquet, merveilleusement agencée. Quatre tables de plus de soixante couverts chacune aboutissent à un fer à cheval au milieu duquel sont placés les représentants de la Presse. Au-dessus de la table d'honneur, domine le portrait de S. M. I. le Sultan Abd-ul-Hamid, le véritable président de la fête, ombragé d'un faisceau de drapeaux mêlant les couleurs nationales de la Turquie et de la France. En face de ce portrait, sur la table, une profusion de fleurs dans une vaste corbeille dorée et une cassolette d'où s'élève l'encens qui porte partout la suave odeur des parfums d'Orient. La décoration était complétée par les bannières de l'*Harmonie de la Lyre du Commerce* et du *Choral de Plaisance,* surchargées, de couronnes d'or et de médailles remportées dans différents concours.

A huit heures le repas commence, avec son menu exotique, pantagruélique et délicat : les mets les plus savoureux, les vins les plus exquis s'étalent à profusion sur les tables et concourent à énivrer les sens. Et, tandis que le caviar, le tasskebab, le pilaf et le baclava, confectionnés par un cuisinier mandé exprès de Constantinople, circulent, que le vin généreux pétille dans les coupes, les deux Sociétés que nous avons désignées plus haut, viennent égayer le dîner, en exécutant ou en chantant quelques uns des morceaux les plus brillants de leur répertoire, et leurs notes mélodieuses se mêlant aux doux accents des dames, inspirent aux orateurs des discours éloquents, aux poètes des vers sublimes.

Nous voici tous debout, silencieux et recueillis : c'est pour entendre et acclamer l'HYMNE PATRIOTIQUE OTTOMAN qui, chanté par plus de cent musiciens, s'élance, vibrant au choc des coupes, hors des cœurs débordants, jusqu'aux minarets de Constantinople. Puis, c'est le tour de notre chant national qui est salué par les cris répétés de : Vive la Turquie ! Vive la France !

Avec le dessert nous arrivons aux toasts.

M. le comte de Mas Latrie, membre de l'Institut, professeur à l'École nationale des Chartres, savant orientaliste, se lève le premier et salue par delà l'espace la noble figure d'Abd-ul-Hamid :

« Le premier de nos toasts, dit-il, ne doit-il pas s'adresser au prince éclairé et bienveillant dont nous célébrons aujourd'hui la fête, à l'occasion de l'anniversaire de sa naissance ; à ce prince dont les soins et les encouragements se portent avec la même sollicitude sur toutes les parties et dans les directions du Gouvernement et de l'administration de son empire, le commerce, l'industrie, la marine comme l'agriculture, les arts et les sciences ; à ce prince éclairé qui entretient avec soin les relations amicales établies, voilà plus de trois siècles, par François Ier et Soliman entre la France et la Turquie ; à ce prince généreux qui assure et protège la liberté, les cultes de tous ses sujets, et qui vient de donner une si éclatante marque de ses sentiments élevés dans cette belle mission confiée à Mgr Azarian, où, les magnifiques présents offerts au Saint-

Père, avait été accompagnés, par une délicate attention et une paternelle intention, de l'épitaphe récemment découverte de l'un des plus anciens et des plus illustres évêques de l'Asie-Mineure.

« Je vous propose donc de boire à la santé de Sa Majesté l'Empereur Abd-ul-Hamid Khan, en demandant à Dieu de lui accorder de longues et glorieuses années. »

Ces paroles pleines de grâce et de sincérité ont été saluées par de vifs applaudissements.

Madame Nicolaïdès, reine incontestée de la fête, reine de charme et de beauté, s'est levée ensuite et a prononcé, d'une voix émue, ces quelques paroles chaleureuses dans leur simplicité :

« Je lève ma coupe en l'honneur de Monsieur le Président de la République Française et de Madame Carnot. »

Tous les convives se sont associés aussitôt à ce toast où la France se personnifiait dans le Chef de l'État.

« Je bois, a-t-elle ajouté, à la France, notre patrie commune, la patrie des nobles cœurs et des généreuses pensées. »

Les vigoureux applaudissements qui ont souligné ces fines paroles ont prouvé à Madame Nicolaïdès qu'il n'était pas possible de dire de plus charmantes choses en moins de mots.

Immédiatement après le sympathique Cheikh Abou Naddara, cet Oriental francisé, patriote et fin de siècle, bien connu du Tout-Paris, boit à Son Excellence Essad Pacha, Ambassadeur de Turquie à Paris. Il exprime, dans ses paroles, l'amour et l'admiration de tous les Ottomans résidant à Paris pour le digne représentant de leur Auguste Souverain.

« Par ses rares vertus, dit l'orateur, par ses hautes qualités, Essad-Pacha a su attirer la sympathie du Président de la République et de ses éminents ministres, et s'est fait une renommée de parfait gentilhomme dans la haute société parisienne, grâce à son exquise courtoisie et à son amabilité douce et suave. »

Le second toast d'Abou Naddara, toast poétique cette fois, a été consacré exclusivement au beau sexe. Il a eu, comme on le pense bien, auprès des dames charmantes auxquelles le galant poète venait de rendre hommage, un succès prodigieux. Nos lecteurs, du reste, ont déjà eu l'occasion de constater qu'Abou Naddara maniait la langue de Corneille avec une grande virtuosité.

Notre distingué confrère de la presse quotidienne, M. Ernest Leblanc, rédacteur au *National,* délégué par tous nos confrères présents, se lève à son tour et dans une improvisation chaude, alerte, un vrai coup de clairon patriote et français, boit à la gloire du Sultan.

Voici un court résumé des paroles qu'il a prononcées et qui ont été très applaudies.

« Mes confrères de la presse me font l'honneur de me choisir pour interprète. Ils me chargent de remercier au nom de la Presse parisienne et au nom des Français qui ont été invités ici par M. Nicolaïdès. Les meilleurs remerciements doivent être adressés au Sultan, à la santé duquel on vient de boire. La santé des peuples, comme la santé des princes, ne consiste pas seulement dans un florissant état physiologique, il y faut un peu de gloire. Eh bien ! je bois à la gloire du Sultan. Et la gloire n'est complète pour un peuple — nous en savons, hélas ! quelque chose — que si complète est aussi l'intégrité de son territoire. (*Applaudissements*).

« Il y a eu hier en Égypte, dont le Sultan est le suzerain, un jeune prince qui a dit : « Les Anglais tiendront leurs promesses. »

« Aujourd'hui, en buvant à la gloire du Sultan, je souhaite donc que, lui aussi, comme Abbas II, répète avec l'autorité d'un Empereur : Les Anglais doivent tenir leurs promesses ! »

L'éloge que notre confrère a fait de Sa Majesté Impériale a enthousiasmé les étudiants ottomans et égyptiens qui avaient répondu en grand nombre à la gracieuse invitation de M. Nicolaïdès et a valu à l'orateur et aux représentants de la Presse française, une véritable ovation.

Le Cheikh Abou Naddara s'est fait aussitôt l'interprète de ses compatriotes pour exprimer leur reconnaissance envers notre spirituel confrère. Dans des termes affectueux, il l'a remercié de sa sympathie pour la Turquie et l'Egypte, en le priant d'être, de son côté, son interprète auprès des bienveillants publicistes français qui, dans leurs grands journaux politiques et littéraires, font connaître le grand Abd-ul-Hamid, l'ami du progrès et de la civilisation, qui ne pense qu'au bonheur et à la prospérité de ses populations, sans distinction de race ni de culte.

« Le Sultan Abd-ul-Hamid, ajoute-t-il, n'est pas le Suzerain de l'Égypte ; il est le « Souverain National » de la Vallée du Nil, sur lequel les Égyptiens fondent leur espoir de délivrance. Le Calife de l'Islam est bon, juste et éclairé ; il répand l'instruction dans ses États et y développe le commerce et l'industrie. Il aime la France et ses fils magnanimes et généreux et voit avec satisfaction se resserrer de plus en plus les liens de fraternité entre les Français et les

Ottomans. Quand à nous autres Égyptiens, nous faisons des vœux pour la continuation du bon accord qui règne entre la Sublime-Porte et le Gouvernement de la République Française, car nous voyons dans cette entente cordiale le prochain salut de notre chère patrie.

« Je bois donc à l'accord franco-turc, à la presse parisienne qui l'alimente par ses écrits impartiaux et désintéressés, et à la santé de M. Nicolaïdès qui nous réunit deux fois par an, pour glorifier le Sultan, notre Padischah bien aimé, et pour fraterniser entre Français et Ottomans. »

Plusieurs passages de ce toast ont été soulignés par de vigoureux applaudissements.

Il semblait que tout eût été dit dans cette mémorable fête et que la série des toasts était épuisée. Notre excellent confrère et ami, M. Georges Buisson, Président du *Syndicat de la Presse périodique de Paris et de la Banlieue,* estimant toutefois qu'on n'avait pas assez complètement défini l'œuvre du Sultan et le caractère de la race turque, se lève, et, dans un chaleureux mouvement d'éloquence, prononce un discours très fin, très délicat, argumenté de faits tout à l'honneur de S. M. I. le Sultan. Ce discours a produit une profonde impression sur l'auditoire et soulevé à chaque instant des salves d'applaudissements.

Le voici *in extenso :*

Discours de M. Georges Buisson

Président du Syndicat de la Presse républicaine périodique de Paris et de la Banlieue.

Mesdames, Messieurs,

« Comme Président du Syndicat de la Presse Républicaine périodique, et au nom de ce Syndicat, permettez-moi de remercier tout d'abord le distingué directeur du journal l'*Orient,* M. Nicolaïdès, pour l'honneur très grand, et dont nous sentons tout le prix, qu'il a bien voulu nous faire, en invitant à cette belle fête, qui est pour vous tous une véritable fête de famille, plusieurs membres de notre association de journalistes, — et permettez-moi de remercier également le Cheikh Abou Naddara qui vient de boire à la presse parisienne.

« A cette fin de siècle, que quelques esprits chagrins considèrent comme une époque par dessus tout égoïste, il est vraiment consolant de voir qu'il se trouve encore de par le monde d'autres esprits sincères et bons restés, malgré les distances, fidèles à leur mère-patrie et dévoués à leur souverain. (*Applaudissements*).

« C'est pourquoi je trouve très noble et je salue bien bas l'idée qui vous réunit ce soir. (*Nouveaux applaudissements*).

« Et comme votre pensée, au moment même où je parle, traversant les mers et passant par-dessus les montagnes, vous reporte vers cet Orient — que

LE BANQUET OTTOMAN

M. Georges Buisson, Président du *Syndicat de la Presse périodique de Paris et de la banlieue*, faisant l'éloge de S. M. I. le Sultan.

nous autres Français nous aimons aussi — (*Applaudissements*), je veux respecter votre rêverie, ne pas vous infliger un long discours, et d'ailleurs je ne sais vraiment pas, si, après le toast de mon ami Ernest Leblanc qui appartient, lui, à la grande presse, je puis encore prendre la parole à ce banquet où on a bien voulu m'appeler simplement en invité, et peut-être aussi en ami. (*Nouveaux applaudissements*). »

M. Ernest Leblanc. — Mais, oui, parlez, mon cher confrère.

M. Georges Buisson. — « Cependant, si vous le voulez bien, je vous dirai en deux mots ce que nous pensons en France, et de votre pays et de votre Sultan.

« De vous, Messieurs, de votre race, je ne dirai rien, parce que les qualités de votre race sont si nombreuses que simplement les énumérer m'entraînerait trop loin. (*Très bien! — Longs applaudissements*).

« De votre pays, de votre Sultan, je ne pourrai que redire des choses que vous savez déjà, que vous pensez tous, qui sont sur toutes vos lèvres comme dans tous vos cœurs ; la seule différence, c'est que ce soir ces choses seront pensées et dites par un Français, par le fils d'une nation qui est l'amie de la vôtre, comme en témoignent ces trophées de drapeaux qui ornent la salle et dans lesquels, par un touchant symbole, vous avez bien voulu mettre nos trois couleurs à côté de votre Croissant. (*Longues acclamations*).

« Messieurs, un de nos ambassadeurs de France à Constantinople, le comte Andreossy, parlant du fameux Sultan Mahmoud II, son contemporain, a écrit :

« Le grand Seigneur actuel peut être regardé à juste titre comme un « phénomène pour la Turquie. »

« Combien le comte Andreossy aurait raison, s'il vivait aujourd'hui, d'appliquer ces paroles au Sultan que nous fêtons en ce moment, et qui a de qui tenir puisqu'il est précisément le petit-fils de ce Sultan Mahmoud, dont parlait le comte Andreossy, de ce Sultan qui a été bien des fois comparé à Pierre le Grand, et puisqu'il a eu pour glorieux père Abd-ul-Medjid qui, par la charte de Gulhané, a proclamé l'égalité des droits de tous les sujets de l'empire. (*Applaudissements prolongés*).

« Oui, à mon humble avis, c'est surtout le Sultan actuel qui peut être et qui doit être regardé à juste titre comme un phénomène pour la Turquie. S. M. I. Abd-ul-Hamid a été, en effet, le premier Sultan diplomate et travailleur, et son labeur a été fructueux, puisque ce Sultan qui a seulement cinquante ans, a pu, après dix-huit ans de règne, faire déjà que l'Empire ottoman n'est plus le même.

« Abd-ul-Hamid réunit toutes les plus hautes qualités : il a fait preuve d'habileté dans le Gouvernement, de sagesse en politique, il a partout montré une grande prudence ; il est distingué, affable, bon, amoureux du juste et du vrai, il a semé partout à profusion sur votre terre des hôpitaux dont plusieurs ont été construits de ses deniers personnels ; il aime les sciences ; il a fait faire partout aussi des chemins de fer, si bien qu'aujourd'hui les deux grands ports de Constantinople et de Salonique sont à trois ou quatre jours seulement de Paris, par voie de terre. (*Salve d'applaudissements*).

« Économe, il a réduit lui-même les dépenses de sa Cour.

« Jamais on n'a rencontré d'esprit plus tolérant, ce qui a permis à un éminent prélat, l'un des princes de l'Église catholique, de dire à un ambassadeur :

« Nulle part la religion ne jouit d'une aussi grande somme de liberté « qu'en Turquie : nulle part, même en pays chrétiens. »

« Personne, Messieurs, n'a mieux résumé l'œuvre du Sultan actuel que l'écrivain qui a dit, dans une formule heureuse et condensée :

« Relèvement économique et prospérité, puissance militaire et autorité. »

« C'est ainsi que l'impartiale histoire jugera plus tard ce Sultan, en l'appelant : le SULTAN PACIFICATEUR (*Salve d'applaudissements*).

« Oui, vous êtes un peuple fort, et nous autres qui sommes nés sur cette terre française que M. Nicolaïdès avait mille fois raison, tout à l'heure lorsqu'il me parlait, d'appeler une terre amie, nous nous souvenons, nous n'oublierons jamais cette glorieuse et héroïque défense de Plewna qui a causé l'admiration de toutes les nations, en portant si haut le renom et l'honneur de vos armes. (*Longues acclamations*).

« Une nation comme la vôtre, Messieurs, peut accomplir de grandes et belles choses, surtout lorsqu'elle a à sa tête un Sultan comme Sa Majesté Impériale Abd-ul-Hamid, ce vaillant ouvrier de votre œuvre de régénération.

« Je ne puis mieux terminer ces quelques paroles qu'en répétant ce qu'écrivait M. Nicolaïdès, il y a deux ans :

« Puisse donc la Providence, en accordant de longs et heureux jours à « Sa Majesté, continuer à la Turquie les bienfaits de ce règne glorieux et « prospère dont l'histoire enregistrera avec admiration les hauts faits. »

« Cela dit, et sincèrement dit, je bois à Mme et à M. Nicolaïdès. » (*Triple salve d'applaudissements*).

La série des toasts a été close par une brillante improvisation que M. Antonin Brun, docteur de l'Université, délégué cantonal du IVe arrondissement de Paris, a faite au nom de la grande Société d'enseignement pratique *La Pléiade*, dont il est le vice-président.

Nous en extrayons le passage suivant qui a été très applaudi :

« Ceux d'entre vous qui auront l'honneur de voir Abd-ul-Hamid lui diront comme on l'apprécie en France. Je les prie d'ajouter que nous l'aimons cordialement et que nous faisons à ses amis un accueil chaleureux où nous mettons toute notre âme. »

Et les convives, enthousiasmés, quittent la salle du banquet sous l'impression des paroles vibrantes qu'ils viennent d'entendre et qu'ils considèrent comme de puissants moyens pour cimenter, plus étroits encore, les liens qui unissent depuis longtemps la Turquie et la France.

LE CONCERT

C'est dans la Salle des Fêtes du premier étage, brillamment illuminée, qu'a été donné le remarquable concert qui a suivi le Banquet. Ce concert, organisé avec un talent hors de pair par Madame Cathinka Mackenzie de Dietz, l'éminente artiste, ancienne lectrice de la reine Marie-Amélie, l'une de nos célébrités parisiennes, et Madame Saillard-Dietz, célèbre professeur de piano et de chant, a été très réussi et très applaudi : acteurs et actrices, chanteurs et cantatrices nous ont fait passer une heure agréable et charmante, dont nous leur sommes infiniment reconnaissant.

Madame Mackenzie nous a tout d'abord fait entendre une œuvre inédite de sa composition : LA MARCHE HÉROIQUE OTTOMANE, qui a obtenu le plus légitime succès. Cette marche, fort belle, écrite pour deux pianos, a été exécutée magistralement par deux des élèves de l'excellente pianiste-compositeur, Mademoiselle Jenny Pirodon, professeur et compositeur bien connu du Tout-Paris artiste, et Mademoiselle Le Chevalier, aussi bonne pianiste que diseuse experte, premier prix de notre Conservatoire national et compositeur.

Une élève de chant de Madame Mackenzie, Madame Lamberti, du *Théâtre Impérial de Saint-Pétersbourg*, a ensuite chanté, d'une façon remarquable, l'air de *Samson et Dalila*, de Saint-Saëns. Le charmant et périlleux air des *Clochettes* de l'opéra de *Lackmé*, a été enlevé avec brio par une autre de ses élèves, une jeune et gentille australienne, Mademoiselle Mildred Birch, venue à Paris pour perfectionner et parisianniser sa jolie voix de soprano.

Dans la partie vocale, nous avons eu l'occasion d'applaudir la voix souple et fraîche de Mademoiselle Anna Duhamel et l'organe richement timbré de M. Pecquery, du Théâtre Lyrique.

Pour la déclamation, offrons tout de suite une couronne à Mademoiselle Scriwaneck, l'aimable et éminente artiste, toujours jeune par le cœur et par le talent, si fine dans sa diction, qui, d'un rien sait faire une chose charmante. Elle a donné une note gaie comme une étincelle brillante au milieu d'un auditoire sérieux et recueilli. Tous nos compliments à Mademoiselle Lia Salmon, la plus jolie pensionnaire du conservatoire, élève de Got, qui nous a déclamé avec une grâce exquise, une diction qui ne laissait rien à désirer, la *Fiancée du Timbalier*, de Victor-Hugo ; à Madame Daubrive, de l'Odéon, à M. Léger et à Mademoiselle de Longchamps, etc.

Le Directeur de *L'Orient* faisant les honneurs à ses invités.

On a fait fête à M. Joubert, violoniste, qui nous a joué avec une étonnante virtuosité la *Mazurka* de Muzin, dans laquelle on l'a vigoureusement applaudi, et à une charmante fillette de dix ans, déjà consacrée artiste, la petite Mimi, qui a exécuté sur la mandoline, avec une 'grande délicatesse et un phrasé accompli, la *Cinquantaine,* de Gabriel-Marie.

C'est avec un bien vif plaisir que nous rendons hommage à la virtuosité transcendante de .Madame Saillard-Dietz, qui nous a fait entendre la *Gavotte* de Ten-Brink. Le fini, la perfection du jeu de cette éminente artiste, le charme qui se dégage de son interprétation lui ont valu le succès bien légitime qui ne saurait manquer nulle part au grand talent.

Enfin, Mademoiselle Duttenhoffer, Mesdames André Valdès et Rolla, MM. Christ-Gallia, professeur de chant de l'Institut Rudy, Farjall, chanteur et compositeur, Du Sautoy, pianiste-compositeur, A. de Vineuil, artiste dramatique, ainsi que M. Stoesser qui dirigeait si habilement le *Choral de Plaisance* et M. Alkan, le distingué chef de la *Lyre du commerce*, ont droit également à tous nos remerciements et à toutes nos félicitations.

Encouragés par un public choisi et délicat, tous ces charmants artistes et excellents interprètes de nos Maîtres classiques se sont surpassés et ont recueilli ample moisson de bravos. Qu'on nous pardonne de n'avoir pour ainsi dire souligné au hasard que quelques noms inscrits au programme. Tous méritent les mêmes éloges et la même reconnaissance pour le plaisir qu'ils nous ont fait éprouver. D'ailleurs, les compliments ne leur ont pas fait défaut, si nous en jugeons par ceux notamment que, dans leur langage imagé et " parfumé de rose et de jasmin", leur ont adressés les galants Fils des pays du soleil. Il nous en revient à la mémoire quelques-uns que nous avons eu la bonne fortune de saisir au vol. Que nos lecteurs nous permettent de les leur divulguer en leur conservant la saveur orientale dont ils sont empreints. C'est par là que nous teminerons l'analyse de ce second tableau de la Fête Ottomane.

« Ah ! Madame, disait l'un d'eux, que votre voix est délicieuse ! En vous entendant, il n'y eut aucune partie de mon être qui ne désirât devenir toute oreille. Allah vous fit don d'une voix angélique pour toucher le cœur le plus insensible et pour consoler l'âme la plus affligée. »

Puis c'est un jeune Turc qui, s'adressant à une charmante artiste qui venait de réciter une poésie avec un rare talent, s'écrie dans un moment d'enthousiasme : « J'envie le poète dont vous venez de nous faire entendre le chant d'amour. Déclamés par vous, ses vers deviennent des perles d'Orient. »

Enfin, nous surprenons les galants propos d'un superbe Egyptien, Esculape en herbe, à l'adresse d'une adorable musicienne : « Vous êtes, Mademoiselle, déesse et magicienne tout à la fois : déesse de beauté, vos yeux le disent au cœur, et magicienne de talent, puisque vous avez le don merveilleux d'animer la matière et de lui faire rendre des sons mélodieux qui nous font soupirer et verser des larmes. »

Quant à la gracieuse artiste à laquelle fut dédié le petit quatrain suivant, elle ne manquera pas de se reconnaître.

> « Vous êtes la beauté ! Vous êtes
> La grâce ! Etait-ce donc trop peu
> Que, pour affoler plus de têtes,
> Vous mettiez l'art dans votre jeu. »

Assurément, on ne saurait exprimer son admiration et sa reconnaissance de façon plus galante et plus... orientale.

LE BAL

C'est minuit, l'heure où les danses vont remettre en lumière toutes les séductions féminines. Pendant le concert, les invitées sont arrivées : ce sont les danseuses, les jeunes femmes, les jeunes filles, celles pour qui la vraie fête est le BAL. Tout le monde se presse dans la magnifique Salle de Bal que tapissent des glaces dans tout le pourtour, ce qui fait que quel que soit le point où l'on se place, on voit se reproduire sur les murs comme sur une plaque photographique, tous les mouvements des danseurs, que le reflet des lustres allumés à profusion enveloppe d'une gerbe de lumières. L'aspect de ce vaste salon est vraiment féerique, tant en raison du luxe et du bon goût qui avaient présidé à leur décoration, qu'à l'effet produit par les resplendissantes toilettes des dames.

A côté, un autre salon où l'on se promène en causant et fumant, et tout auprès encore un petit salon, où des femmes de chambre et des couturières étaient sous les armes, prêtes à réparer les petites avaries des robes ou des coiffures; puis d'autres salons de conversation. Tout était prévu, rien n'avait été oublié ! L'Orient n'est-il pas, il est vrai, le pays où l'on se connaît le mieux en confortable ? Dans un salon très aéré, très vaste, les dames qui éprouvent ou un malaise subit causé par la chaleur, ou une lassitude très naturelle après la danse, pouvaient trouver des divans moelleux, et là, doucement étendues, respirer à l'aise ; là se trouvaient aussi sous la main ces petits remèdes et ces spécifiques pharmaceutiques qui calment les battements de cœur et font disparaître la fatigue. Mieux encore, un médecin se tenait à leurs ordres, un vrai médecin des dames, prêt à accourir au moindre appel.

Les polkas les plus sautillantes, les quadrilles les plus gracieux, les valses les plus rapides, toutes les danses, en un mot, conduites par un entraînant orchestre, se sont succédé avec un entrain merveilleux, une *furia francese*. Versez là-dessus toute la gamme diaprée d'un écrin de pierreries, un torrent de lumières, de gaîté, de rires, de propos galants, et vous aurez peut-être une faible idée de l'aspect qu'offrait cette magnifique soirée. Rien, du reste, n'avait été négligé pour donner des forces aux valseuses, si celles-ci s'étaient permis de faiblir. Depuis deux heures du matin un souper très confortable était servi à de petites tables, où l'on paraissait conclure joyeusement l'entente franco-turque, et les rafraîchissements très variés ne donnaient que l'embarras du choix ; le champagne pétillait à pleines coupes. Il était, d'ailleurs, distribué à profusion des bons de consommation avec lesquels on se présentait au Café Turc fermé à tout étranger, et sur une table tranquille le personnel du Café servait chacun selon le désir exprimé. N'est-ce pas là une véritable inspiration !

Il est sept heures ! Les danses sont terminées, les derniers accords du brillant orchestre de M. Alkan ont résonné, la lueur du jour a remplacé l'éclat des lumières, le rêve est fini... Les invités, heureux et contents, prennent congé de leurs aimables hôtes : Monsieur, Madame et Mademoiselle Nicolaïdès, à qui revient toute la gloire de cette féerie, et se retirent ravis de cette splendide nuit blanche si somptueusement, si princièrement organisée, si parfaitement réussie que les premiers rayons du *levant* semblaient éclairer quelque palais enchanté, surmonté dans le ciel du pur croissant de l'Islam.

Le souvenir de cette vision ne saurait pas plus s'effacer des yeux que du fond du cœur l'image de Celui dont on a, le 5 mars, célébré le glorieux anniversaire, et qui dirige avec tant d'habileté les destinées de l'empire ottoman : ABD-UL-HAMID RÉGÉNÉRATEUR.

Achevé d'imprimer le 30 Avril 1893 par VAUTHRIN FRÈRES, à Paris.

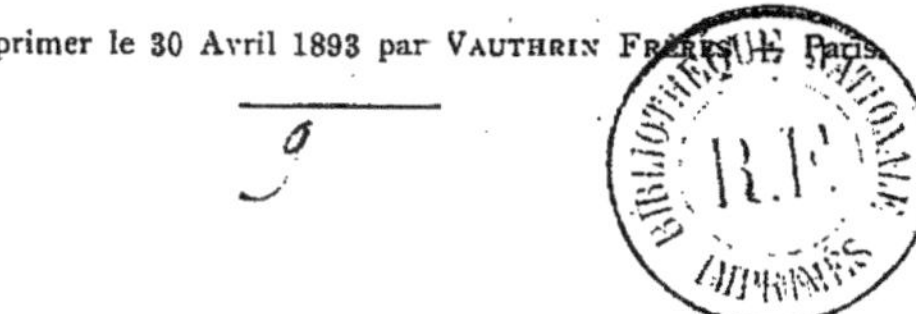